My Own Recipes

This book belongs to:

Betty Brent

Printed in the United States of America
by G&R Publishing Co.

Distributed By:

507 Industrial Street
Waverly, IA 50677

ISBN 1-56383-101-5
Item #9061

Recipe: _____

Shared from the kitchen of: _____

Ingredients

....

....

....

....

....

....

....

....

....

....

....

....

....

....

....

....

....

....

....

....

....

....

Serves:

Recipe: _____

Shared from the kitchen of: _____

Ingredients

....

....

....

....

....

....

....

....

....

....

....

....

....

....

....

....

....

....

....

....

Serves:

Recipe: _____

Shared from the kitchen of: _____

Ingredients

_____   _____

_____   _____

_____   _____

_____   _____

_____   _____

_____   _____

_____   _____

_____   _____

_____

_____

_____

_____

_____

_____

_____

_____

_____

_____

_____

_____

_____

Serves:

Recipe: _____

Shared from the kitchen of: _____

Ingredients

....

....

....

....

....

....

....

....

....

....

....

....

....

....

....

....

....

....

....

....

....

Serves:

Recipe: _____

Shared from the kitchen of: _____

Ingredients

....

....

....

....

....

....

....

....

....

....

....

....

....

....

....

....

....

....

Serves:

Recipe: _____

Shared from the kitchen of: _____

Ingredients

_____   _____

_____   _____

_____   _____

_____   _____

_____   _____

_____   _____

_____   _____

_____   _____

_____

_____

_____

_____

_____

_____

_____

_____

_____

_____

_____

_____

Serves:

Recipe: _____

Shared from the kitchen of: _____

Ingredients

_____   _____

_____   _____

_____   _____

_____   _____

_____   _____

_____   _____

_____   _____

_____   _____

_____

_____

_____

_____

_____

_____

_____

_____

_____

_____

_____

Serves:

Recipe: _____

Shared from the kitchen of: _____

Ingredients

_____   _____

_____   _____

_____   _____

_____   _____

_____   _____

_____   _____

_____   _____

_____   _____

_____

_____

_____

_____

_____

_____

_____

_____

_____

_____

_____

_____

Serves:

Recipe: _____

Shared from the kitchen of: _____

Ingredients

....
....
....
....
....
....
....
....

....
....
....
....
....
....
....
....
....
....
....
....
....
....

Serves:

Recipe: _____

Shared from the kitchen of: _____

Ingredients

....

....

....

....

....

....

....

....

....

....

....

....

....

....

....

....

....

....

....

....

Serves:

Recipe: _____

Shared from the kitchen of: _____

Ingredients

....

....

....

....

....

....

....

....

....

....

....

....

....

....

....

....

....

....

....

....

....

Serves:

Recipe: _____

Shared from the kitchen of: _____

Ingredients

....

....

....

....

....

....

....

....

....

....

....

....

....

....

....

....

....

....

....

....

....

Serves:

Recipe: _____

Shared from the kitchen of: _____

Ingredients

....

....

....

....

....

....

....

....

....

....

....

....

....

....

....

....

....

....

....

....

....

Serves:

Recipe: _____

Shared from the kitchen of: _____

Ingredients

....	....
....	....
....	....
....	....
....	....
....	....
....	....
....	....

....

....

....

....

....

....

....

....

....

....

....

....

....

Serves:

Recipe: _____

Shared from the kitchen of: _____

Ingredients

....

....

....

....

....

....

....

....

....

....

....

....

....

....

....

....

....

....

....

Serves:

Recipe: _____

Shared from the kitchen of: _____

Ingredients

....

....

....

....

....

....

....

....

....

....

....

....

....

....

....

....

....

....

....

....

Serves:

Recipe: _____

Shared from the kitchen of: _____

Ingredients

_____ _____
_____ _____
_____ _____
_____ _____
_____ _____
_____ _____
_____ _____
_____ _____

_____
_____
_____
_____
_____
_____
_____
_____
_____
_____
_____
_____
_____

Serves:

Recipe: _____

Shared from the kitchen of: _____

Ingredients

....

....

....

....

....

....

....

....

....

....

....

....

....

....

....

....

....

....

....

....

....

Serves:

Recipe: _____

Shared from the kitchen of: _____

Ingredients

....

....

....

....

....

....

....

....

....

....

....

....

....

....

....

....

....

....

....

....

Serves:

Recipe:_____

Shared from the kitchen of: _____

Ingredients

....

....

....

....

....

....

....

....

....

....

....

....

....

....

....

....

....

....

....

....

Serves:

Recipe:_____

Shared from the kitchen of: _____

Ingredients

....

....

....

....

....

....

....

....

....

....

....

....

....

....

....

....

....

....

....

Serves:

Recipe: _____

Shared from the kitchen of: _____

Ingredients

....

....

....

....

....

....

....

....

....

....

....

....

....

....

....

....

....

....

....

....

Serves:

Recipe: _____

Shared from the kitchen of: _____

Ingredients

Serves:

Recipe: _____

Shared from the kitchen of: _____

Ingredients

....

....

....

....

....

....

....

....

....

....

....

....

....

....

....

....

....

....

....

....

....

Serves:

Recipe: _____

Shared from the kitchen of: _____

Ingredients

....	....
....	....
....	....
....	....
....	....
....	....
....	....
....	....

....

....

....

....

....

....

....

....

....

....

....

....

Serves:

Recipe: _____

Shared from the kitchen of: _____

Ingredients

....

....

....

....

....

....

....

....

....

....

....

....

....

....

....

....

....

....

....

....

....

Serves:

Recipe: _____

Shared from the kitchen of: _____

Ingredients

....

....

....

....

....

....

....

....

....

....

....

....

....

....

....

....

....

....

....

....

Serves:

Recipe: _____

Shared from the kitchen of: _____

Ingredients

....

....

....

....

....

....

....

....

....

....

....

....

....

....

....

....

....

....

....

....

Serves:

Recipe: _____

Shared from the kitchen of: _____

Ingredients

_____   _____

_____   _____

_____   _____

_____   _____

_____   _____

_____   _____

_____   _____

_____   _____

_____

_____

_____

_____

_____

_____

_____

_____

_____

_____

_____

_____

Serves:

Recipe: _____

Shared from the kitchen of: _____

Ingredients

....

....

....

....

....

....

....

....

....

....

....

....

....

....

....

....

....

....

....

....

Serves:

Recipe: _____

Shared from the kitchen of: _____

Ingredients

....
....
....
....
....
....
....
....

....
....
....
....
....
....
....
....
....
....
....

Serves:

Recipe: _____

Shared from the kitchen of: _____

Ingredients

....

....

....

....

....

....

....

....

....

....

....

....

....

....

....

....

....

....

....

....

....

Serves:

Recipe: _____

Shared from the kitchen of: _____

Ingredients

....

....

....

....

....

....

....

....

....

....

....

....

....

....

....

....

....

....

....

Serves:

Recipe:_____

Shared from the kitchen of: _____

Ingredients

....
....
....
....
....
....
....
....

....
....
....
....
....
....
....
....

....
....
....
....

Serves:

Recipe: _____

Shared from the kitchen of: _____

Ingredients

....

....

....

....

....

....

....

....

....

....

....

....

....

....

....

....

....

....

....

Serves:

Recipe: _____

Shared from the kitchen of: _____

Ingredients

....

....

....

....

....

....

....

....

....

....

....

....

....

....

....

....

....

....

....

....

Serves:

Recipe:_____

Shared from the kitchen of: _____

Ingredients

....

....

....

....

....

....

....

....

....

....

....

....

....

....

....

....

....

....

....

Serves:

Recipe: _____

Shared from the kitchen of: _____

Ingredients

_____ _____

_____ _____

_____ _____

_____ _____

_____ _____

_____ _____

_____ _____

_____ _____

_____

_____

_____

_____

_____

_____

_____

_____

_____

_____

_____

Serves:

Recipe: _____

Shared from the kitchen of: _____

Ingredients

....

....

....

....

....

....

....

....

....

....

....

....

....

....

....

....

....

....

....

....

Serves:

Recipe: _____

Shared from the kitchen of: _____

Ingredients

....

....

....

....

....

....

....

....

....

....

....

....

....

....

....

....

....

....

....

Serves:

Recipe: _____

Shared from the kitchen of: _____

Ingredients

....

....

....

....

....

....

....

....

....

....

....

....

....

....

....

....

....

....

....

....

....

....

Serves:

Recipe: _____

Shared from the kitchen of: _____

Ingredients

....

....

....

....

....

....

....

....

....

....

....

....

....

....

....

....

....

....

....

....

....

Serves:

Recipe: _____

Shared from the kitchen of: _____

Ingredients

....

....

....

....

....

....

....

....

....

....

....

....

....

....

....

....

....

....

....

....

....

Serves:

Recipe: _____

Shared from the kitchen of: _____

Ingredients

....

....

....

....

....

....

....

....

....

....

....

....

....

....

....

....

....

....

....

....

....

Serves:

Recipe:_____

Shared from the kitchen of: _____

Ingredients

....
....
....
....
....
....
....
....

....
....
....
....
....
....
....
....
....
....
....

Serves:

Recipe: _____

Shared from the kitchen of: _____

Ingredients

....

....

....

....

....

....

....

....

....

....

....

....

....

....

....

....

....

....

....

....

....

Serves:

Recipe: _____

Shared from the kitchen of: _____

Ingredients

....
....
....
....
....
....
....
....

....
....
....
....
....
....
....
....
....
....

Serves:

Recipe: _____

Shared from the kitchen of: _____

Ingredients

....

....

....

....

....

....

....

....

....

....

....

....

....

....

....

....

....

....

....

....

Serves:

Recipe: _____

Shared from the kitchen of: _____

Ingredients

....

....

....

....

....

....

....

....

....

....

....

....

....

....

....

....

....

....

....

....

....

Serves:

Recipe:_____

Shared from the kitchen of: _____

Ingredients

Serves:

Recipe: _____

Shared from the kitchen of: _____

Ingredients

Serves:

Recipe: _____

Shared from the kitchen of: _____

Ingredients

....

....

....

....

....

....

....

....

....

....

....

....

....

....

....

....

....

....

....

....

Serves:

Recipe:_____

Shared from the kitchen of: _____

Ingredients

....

....

....

....

....

....

....

....

....

....

....

....

....

....

....

....

....

....

....

....

....

Serves:

Recipe: _____

Shared from the kitchen of: _____

Ingredients

....

....

....

....

....

....

....

....

....

....

....

....

....

....

....

....

....

....

....

....

....

Serves:

Recipe: _____

Shared from the kitchen of: _____

Ingredients

....

....

....

....

....

....

....

....

....

....

....

....

....

....

....

....

....

....

....

....

Serves:

Recipe: _____

Shared from the kitchen of: _____

Ingredients

....

....

....

....

....

....

....

....

....

....

....

....

....

....

....

....

....

....

....

Serves:

Recipe: _____

Shared from the kitchen of: _____

Ingredients

....

....

....

....

....

....

....

....

....

....

....

....

....

....

....

....

....

....

....

....

Serves:

Recipe: _____

Shared from the kitchen of: _____

Ingredients

....

....

....

....

....

....

....

....

....

....

....

....

....

....

....

....

....

....

....

....

....

Serves:

Recipe: _____

Shared from the kitchen of: _____

Ingredients

....

....

....

....

....

....

....

....

....

....

....

....

....

....

....

....

....

....

....

....

Serves:

Recipe: _____

Shared from the kitchen of: _____

Ingredients

_____   _____

_____   _____

_____   _____

_____   _____

_____   _____

_____   _____

_____   _____

_____   _____

_____

_____

_____

_____

_____

_____

_____

_____

_____

_____

_____

_____

_____

Serves:

Recipe: _____

Shared from the kitchen of: _____

Ingredients

....
....
....
....
....
....
....
....

....
....
....
....
....
....
....
....
....
....
....
....

Serves:

Recipe: _____

Shared from the kitchen of: _____

Ingredients

....
....
....
....
....
....
....
....

....
....
....
....
....
....
....
....
....
....
....
....
....

Serves:

Recipe: _____

Shared from the kitchen of: _____

Ingredients

....	....
....	....
....	....
....	....
....	....
....	....
....	....
....	....

....

....

....

....

....

....

....

....

....

....

....

....

Serves:

Recipe: _____

Shared from the kitchen of: _____

Ingredients

....

....

....

....

....

....

....

....

....

....

....

....

....

....

....

....

....

....

....

....

....

Serves:

Recipe: _____

Shared from the kitchen of: _____

Ingredients

....

....

....

....

....

....

....

....

....

....

....

....

....

....

....

....

....

....

....

....

....

Serves:

Recipe: _____

Shared from the kitchen of: _____

Ingredients

....	....
....	....
....	....
....	....
....	....
....	....
....	....
....	....

....

....

....

....

....

....

....

....

....

....

....

....

....

Serves:

Recipe: _____

Shared from the kitchen of: _____

Ingredients

Serves:

Recipe: _____

Shared from the kitchen of: _____

Ingredients

....

....

....

....

....

....

....

....

....

....

....

....

....

....

....

....

....

....

....

....

Serves:

Recipe: _____

Shared from the kitchen of: _____

Ingredients

....
....
....
....
....
....
....
....

....
....
....
....
....
....
....
....
....
....

....

Serves:

Recipe: _____

Shared from the kitchen of: _____

Ingredients

....

....

....

....

....

....

....

....

....

....

....

....

....

....

....

....

....

....

....

....

....

Serves:

Recipe: _____

Shared from the kitchen of: _____

Ingredients

....

....

....

....

....

....

....

....

....

....

....

....

....

....

....

....

....

....

....

Serves:

Recipe: _____

Shared from the kitchen of: _____

Ingredients

Serves:

Recipe: _____

Shared from the kitchen of: _____

Ingredients

....

....

....

....

....

....

....

....

....

....

....

....

....

....

....

....

....

....

....

....

....

Serves:

Recipe: _____

Shared from the kitchen of: _____

Ingredients

....

....

....

....

....

....

....

....

....

....

....

....

....

....

....

....

....

....

....

....

....

Serves:

Recipe: _____

Shared from the kitchen of: _____

Ingredients

....	....
....	....
....	....
....	....
....	....
....	....
....	....
....	....
....	....
....	....
....	....
....	....
....	....
....	....
....	....
....	....
....	
....	
....	

Serves:

Recipe: _____

Shared from the kitchen of: _____

Ingredients

....

....

....

....

....

....

....

....

....

....

....

....

....

....

....

....

....

....

....

....

....

....

Serves:

Recipe: _____

Shared from the kitchen of: _____

Ingredients

....

....

....

....

....

....

....

....

....

....

....

....

....

....

....

....

....

....

....

....

....

Serves:

Recipe: _____

Shared from the kitchen of: _____

Ingredients

....
....
....
....
....
....
....
....

....
....
....
....
....
....
....
....
....
....
....
....

Serves:

Recipe: _____

Shared from the kitchen of: _____

Ingredients

....

....

....

....

....

....

....

....

....

....

....

....

....

....

....

....

....

....

....

....

Serves:

Recipe: _____

Shared from the kitchen of: _____

Ingredients

....
....
....
....
....
....
....
....

....
....
....
....
....
....
....
....

....
....
....
....

Serves:

Recipe: _____

Shared from the kitchen of: _____

Ingredients

....

....

....

....

....

....

....

....

....

....

....

....

....

....

....

....

....

....

....

....

....

Serves:

Recipe: _____

Shared from the kitchen of: _____

Ingredients

....

....

....

....

....

....

....

....

....

....

....

....

....

....

....

....

....

....

....

....

Serves:

Recipe: _____

Shared from the kitchen of: _____

Ingredients

....

....

....

....

....

....

....

....

....

....

....

....

....

....

....

....

....

....

....

....

Serves:

Recipe: _____

Shared from the kitchen of: _____

Ingredients

....

....

....

....

....

....

....

....

....

....

....

....

....

....

....

....

....

....

....

....

....

Serves:

Recipe: _____

Shared from the kitchen of: _____

Ingredients

....

....

....

....

....

....

....

....

....

....

....

....

....

....

....

....

....

....

....

Serves:

Recipe: _____

Shared from the kitchen of: _____

Ingredients

....

....

....

....

....

....

....

....

....

....

....

....

....

....

....

....

....

....

....

....

....

....

Serves:

Recipe:_____

Shared from the kitchen of:_____

Ingredients

....

....

....

....

....

....

....

....

....

....

....

....

....

....

....

....

....

....

....

Serves:

Recipe: _____

Shared from the kitchen of: _____

Ingredients

....

....

....

....

....

....

....

....

....

....

....

....

....

....

....

....

....

....

....

....

....

Serves:

Recipe: _____

Shared from the kitchen of: _____

Ingredients

....

....

....

....

....

....

....

....

....

....

....

....

....

....

....

....

....

....

....

....

....

Serves:

Recipe: _____

Shared from the kitchen of: _____

Ingredients

....

....

....

....

....

....

....

....

....

....

....

....

....

....

....

....

....

....

....

....

....

Serves:

Recipe: _____

Shared from the kitchen of: _____

Ingredients

....

....

....

....

....

....

....

....

Serves:

Recipe: _____

Shared from the kitchen of: _____

Ingredients

....

....

....

....

....

....

....

....

....

....

....

....

....

....

....

....

....

....

....

....

Serves:

Recipe: _____

Shared from the kitchen of: _____

Ingredients

....

....

....

....

....

....

....

....

....

....

....

....

....

....

....

....

....

....

Serves:

Recipe:

Shared from the kitchen of:

Ingredients

Serves:

Recipe: _____

Shared from the kitchen of: _____

Ingredients

_____   _____

_____   _____

_____   _____

_____   _____

_____   _____

_____   _____

_____   _____

_____   _____

_____

_____

_____

_____

_____

_____

_____

_____

_____

_____

_____

Serves:

Recipe: _____

Shared from the kitchen of: _____

Ingredients

....

....

....

....

....

....

....

....

....

....

....

....

....

....

....

....

....

....

....

....

Serves:

Recipe: _____

Shared from the kitchen of: _____

Ingredients

....
....
....
....
....
....
....
....

....
....
....
....
....
....
....
....
....
....
....
....
....
....

Serves:

Recipe:_____

Shared from the kitchen of: _____

Ingredients

....

....

....

....

....

....

....

....

....

....

....

....

....

....

....

....

....

....

....

....

....

Serves:

Recipe: _____

Shared from the kitchen of: _____

Ingredients

....	....
....	....
....	....
....	....
....	....
....	....
....	....
....	....

....

....

....

....

....

....

....

....

....

....

....

....

....

Serves:

Recipe: _____

Shared from the kitchen of: _____

Ingredients

_____   _____

_____   _____

_____   _____

_____   _____

_____   _____

_____   _____

_____   _____

_____   _____

_____

_____

_____

_____

_____

_____

_____

_____

_____

_____

_____

_____

Serves:

Recipe: _____

Shared from the kitchen of: _____

Ingredients

....

....

....

....

....

....

....

....

....

....

....

....

....

....

....

....

....

....

....

....

....

....

Serves:

Recipe: _____

Shared from the kitchen of: _____

Ingredients

....

....

....

....

....

....

....

....

....

....

....

....

....

....

....

....

....

....

....

....

....

Serves:

Recipe: _____

Shared from the kitchen of: _____

Ingredients

....
....
....
....
....
....
....
....

....
....
....
....
....
....
....
....
....
....
....

Serves:

Recipe: _____

Shared from the kitchen of: _____

Ingredients

....

....

....

....

....

....

....

....

....

....

....

....

....

....

....

....

....

....

....

....

Serves:

Recipe: _____

Shared from the kitchen of: _____

Ingredients

....	....
....	....
....	....
....	....
....	....
....	....
....	....
....	....

....

....

....

....

....

....

....

....

....

....

....

....

Serves:

Recipe: _____

Shared from the kitchen of: _____

Ingredients

....

....

....

....

....

....

....

....

....

....

....

....

....

....

....

....

....

....

....

....

....

Serves:

Recipe: _____

Shared from the kitchen of: _____

Ingredients

Serves:

Recipe: _____

Shared from the kitchen of: _____

Ingredients

....

....

....

....

....

....

....

....

....

....

....

....

....

....

....

....

....

....

....

Serves:

Recipe: _____

Shared from the kitchen of: _____

Ingredients

Serves:

Recipe: _____

Shared from the kitchen of: _____

Ingredients

....

....

....

....

....

....

....

....

....

....

....

....

....

....

....

....

....

....

....

....

Serves:

Recipe: _____

Shared from the kitchen of: _____

Ingredients

....

....

....

....

....

....

....

....

....

....

....

....

....

....

....

....

....

....

....

Serves:

Recipe: _____

Shared from the kitchen of: _____

Ingredients

....

....

....

....

....

....

....

....

....

....

....

....

....

....

....

....

....

....

....

....

Serves:

Recipe: _____

Shared from the kitchen of: _____

Ingredients

Serves:

Recipe: _____

Shared from the kitchen of: _____

Ingredients

....

....

....

....

....

....

....

....

....

....

....

....

....

....

....

....

....

....

....

....

....

Serves:

Recipe: _____

Shared from the kitchen of: _____

Ingredients

_____ _____

_____ _____

_____ _____

_____ _____

_____ _____

_____ _____

_____ _____

_____ _____

_____

_____

_____

_____

_____

_____

_____

_____

_____

_____

_____

_____

_____

Serves:

Recipe: _____

Shared from the kitchen of: _____

Ingredients

....	....
....	....
....	....
....	....
....	....
....	....
....	....
....	....

....

....

....

....

....

....

....

....

....

....

....

....

....

Serves:

Recipe: _____

Shared from the kitchen of: _____

Ingredients

....

....

....

....

....

....

....

....

....

....

....

....

....

....

....

....

....

....

....

....

....

Serves:

Recipe: _____

Shared from the kitchen of: _____

Ingredients

_____ _____

_____ _____

_____ _____

_____ _____

_____ _____

_____ _____

_____ _____

_____ _____

_____

_____

_____

_____

_____

_____

_____

_____

_____

_____

_____

_____

_____

Serves:

Recipe: _____

Shared from the kitchen of: _____

Ingredients

_____ _____

_____ _____

_____ _____

_____ _____

_____ _____

_____ _____

_____ _____

_____ _____

_____

_____

_____

_____

_____

_____

_____

_____

_____

_____

_____

_____

Serves:

Recipe: _____

Shared from the kitchen of: _____

Ingredients

....

....

....

....

....

....

....

....

....

....

....

....

....

....

....

....

....

....

....

....

....

Serves:

Recipe: _____

Shared from the kitchen of: _____

Ingredients

....

....

....

....

....

....

....

....

....

....

....

....

....

....

....

....

....

....

....

....

....

....

Serves:

Recipe: _____

Shared from the kitchen of: _____

Ingredients

....

....

....

....

....

....

....

....

....

....

....

....

....

....

....

....

....

....

....

....

Serves:

Recipe: _____

Shared from the kitchen of: _____

Ingredients

_____   _____

_____   _____

_____   _____

_____   _____

_____   _____

_____   _____

_____   _____

_____   _____

_____

_____

_____

_____

_____

_____

_____

_____

_____

_____

_____

_____

Serves:

Recipe:＿＿＿＿＿＿＿＿＿＿＿＿

Shared from the kitchen of: ＿＿＿＿＿＿＿＿＿＿＿

Ingredients

Serves:

Recipe: _____

Shared from the kitchen of: _____

Ingredients

_____ _____

_____ _____

_____ _____

_____ _____

_____ _____

_____ _____

_____ _____

_____ _____

_____

_____

_____

_____

_____

_____

_____

_____

_____

_____

Serves:

Recipe: _____

Shared from the kitchen of: _____

Ingredients

_____   _____

_____   _____

_____   _____

_____   _____

_____   _____

_____   _____

_____   _____

_____   _____

_____   _____

_____   _____

_____   _____

_____   _____

_____   _____

_____   _____

_____   _____

_____   _____

_____   _____

_____

_____

_____

Serves:

Recipe: _____

Shared from the kitchen of: _____

Ingredients

_____   _____

_____   _____

_____   _____

_____   _____

_____   _____

_____   _____

_____   _____

_____   _____

_____

_____

_____

_____

_____

_____

_____

_____

_____

_____

_____

Serves:

Recipe:_____

Shared from the kitchen of: _____

Ingredients

....

....

....

....

....

....

....

....

....

....

....

....

....

....

....

....

....

....

....

Serves: